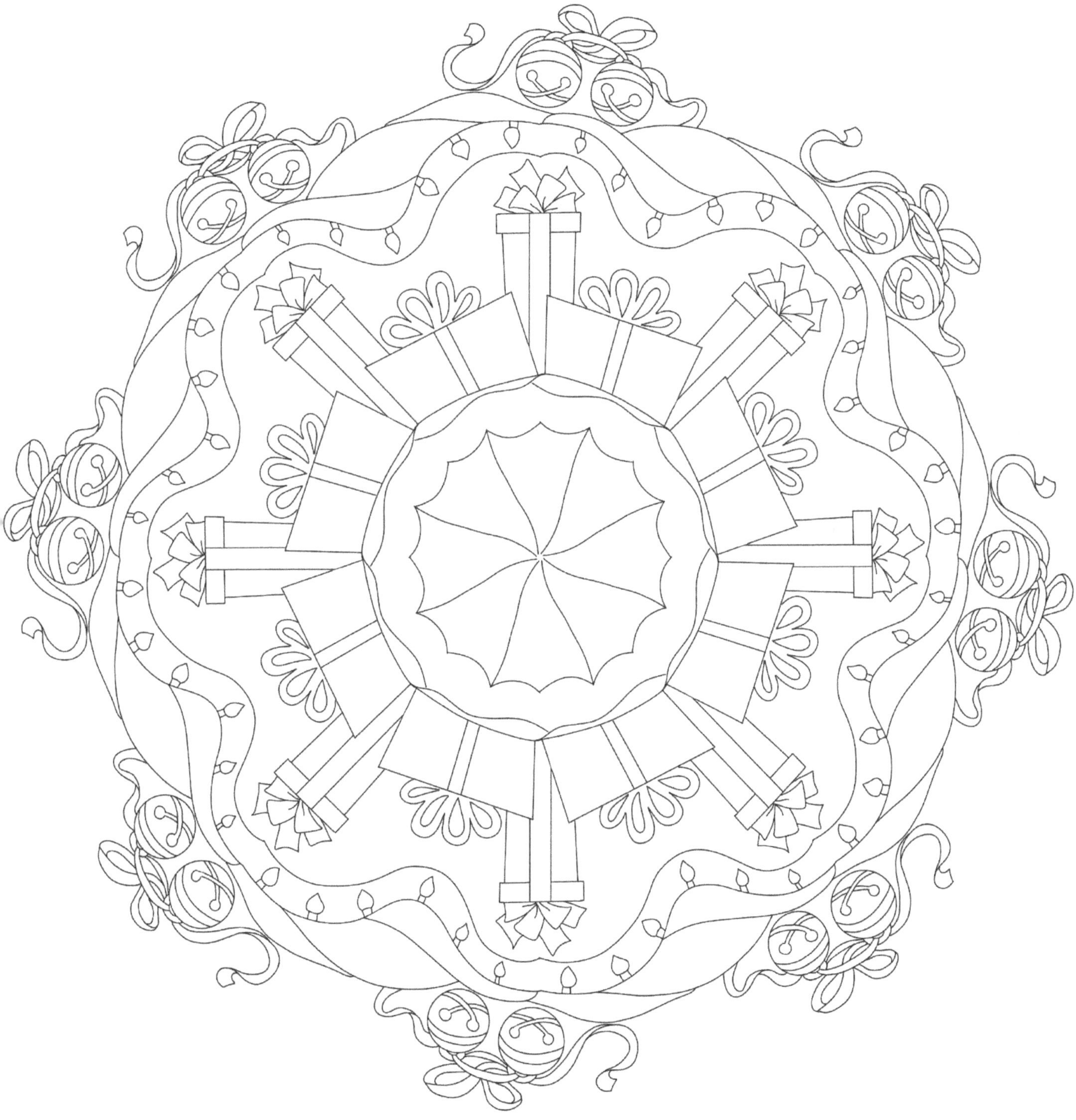

I0465815

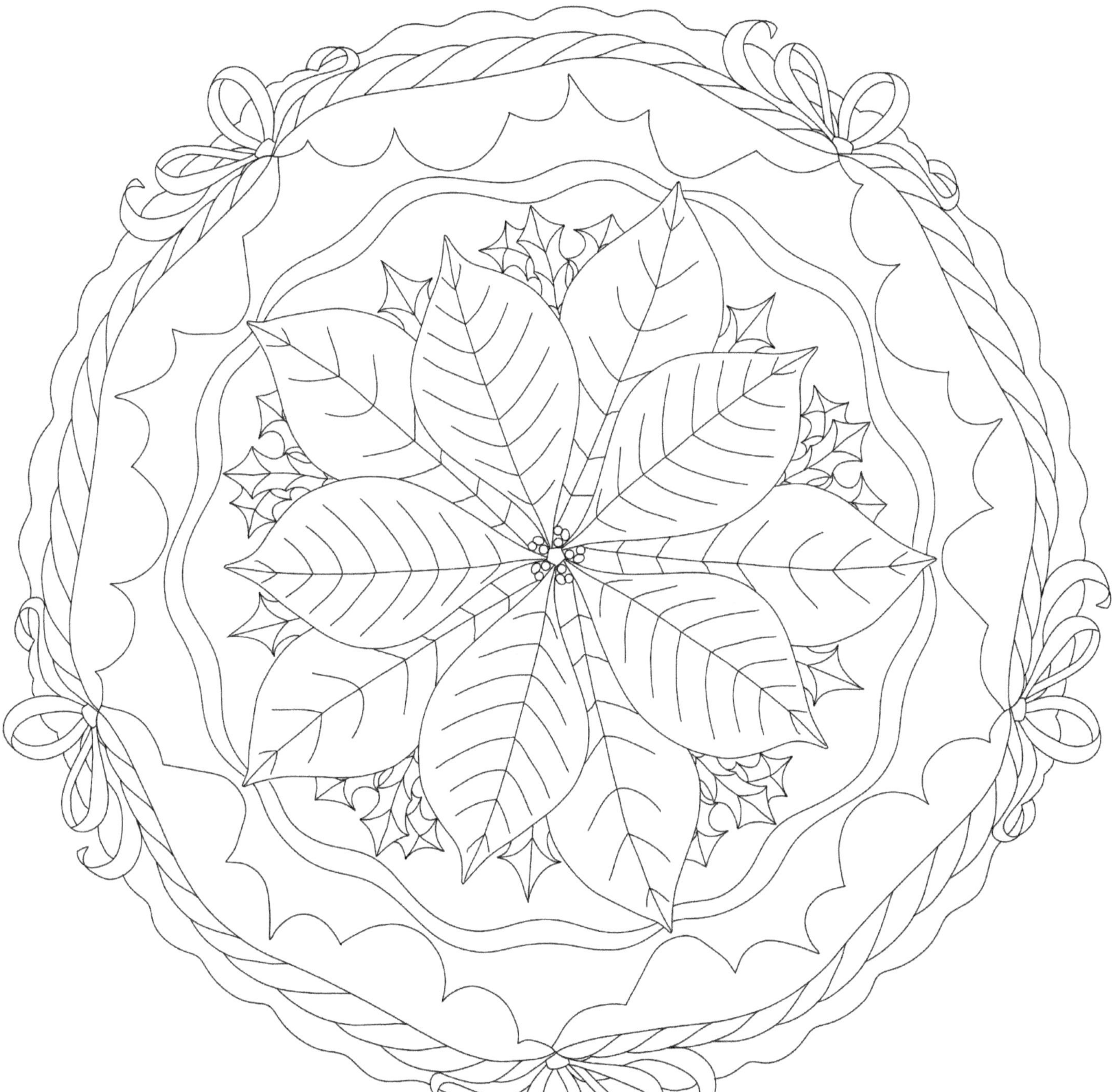

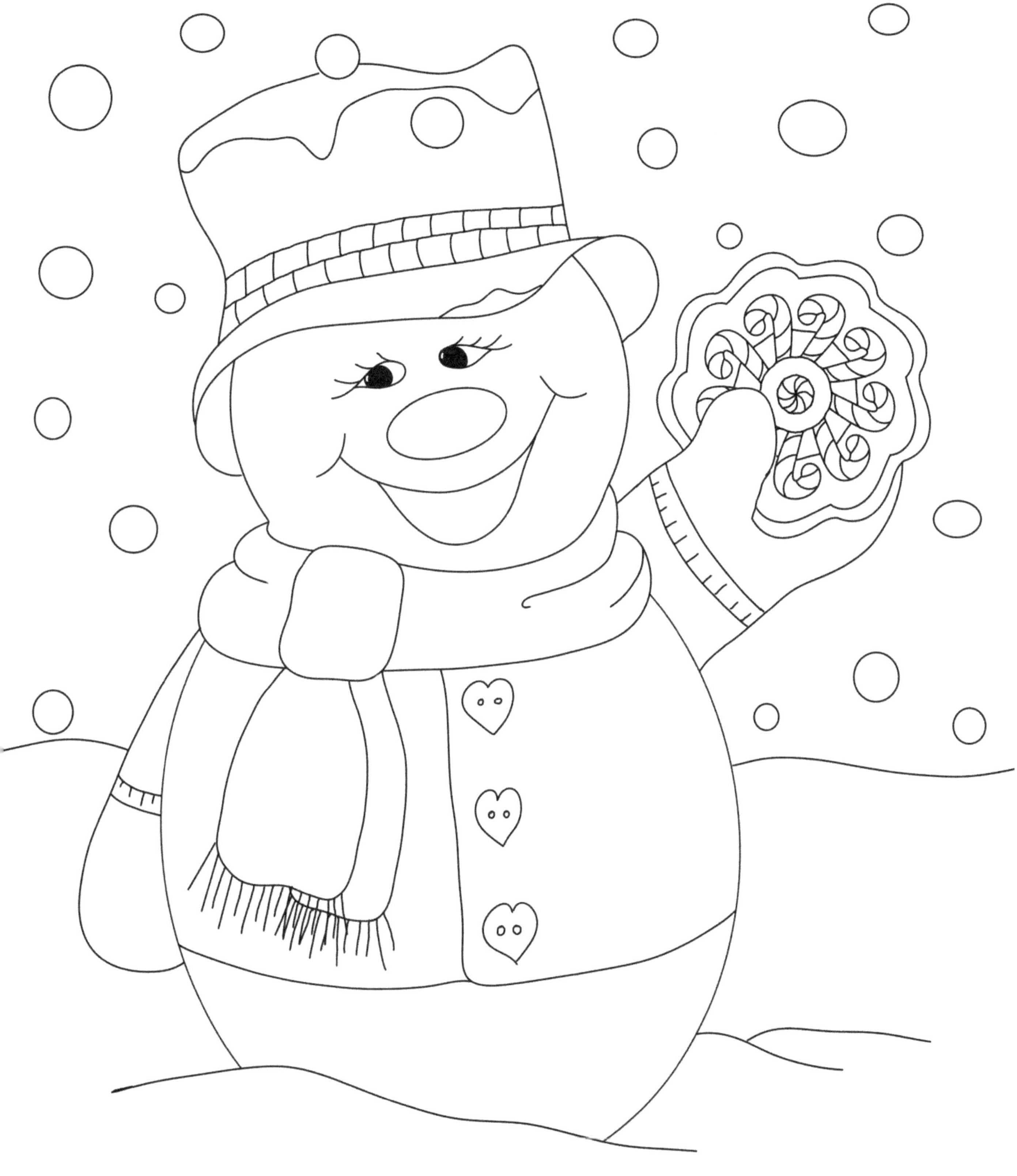

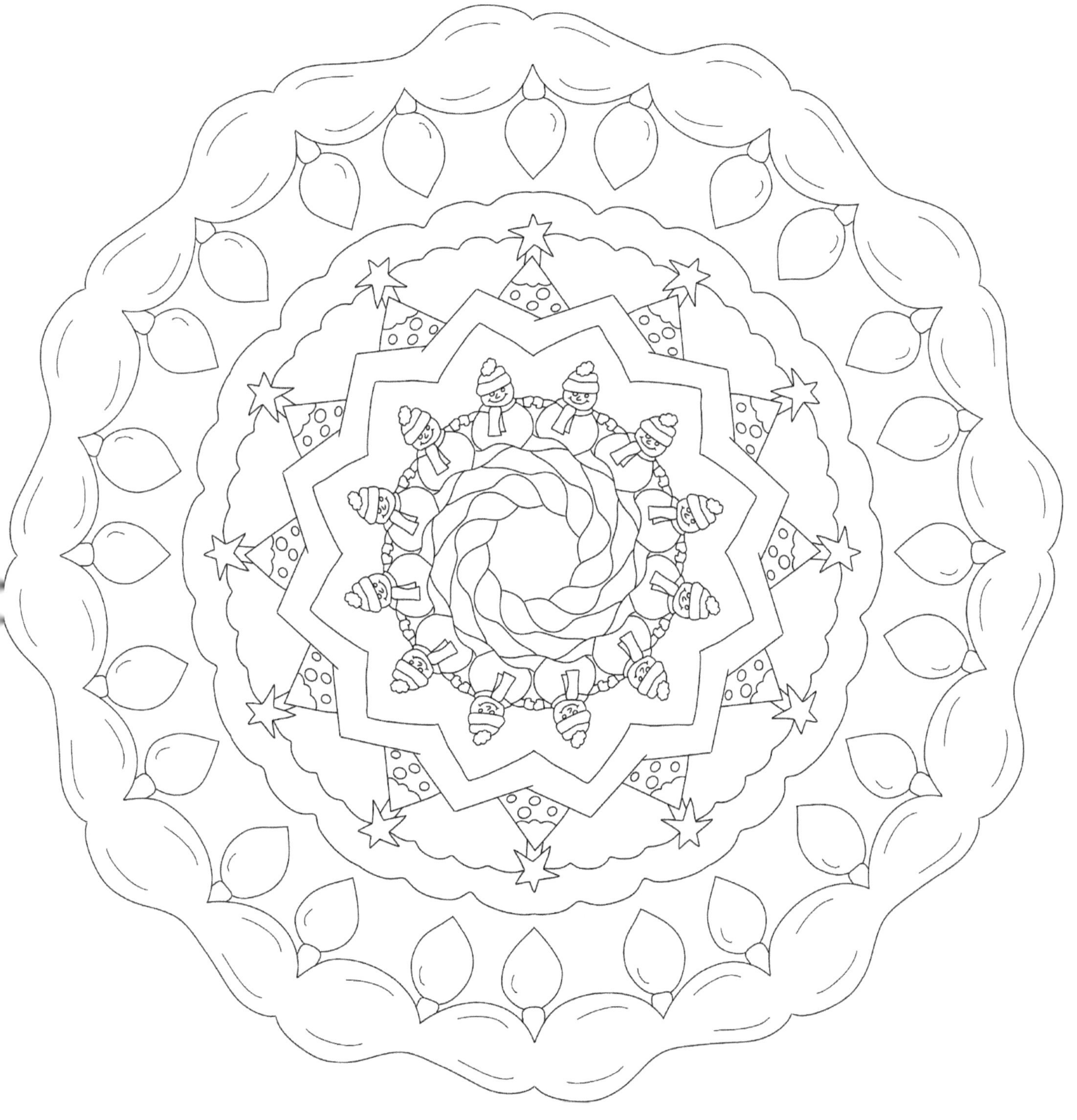

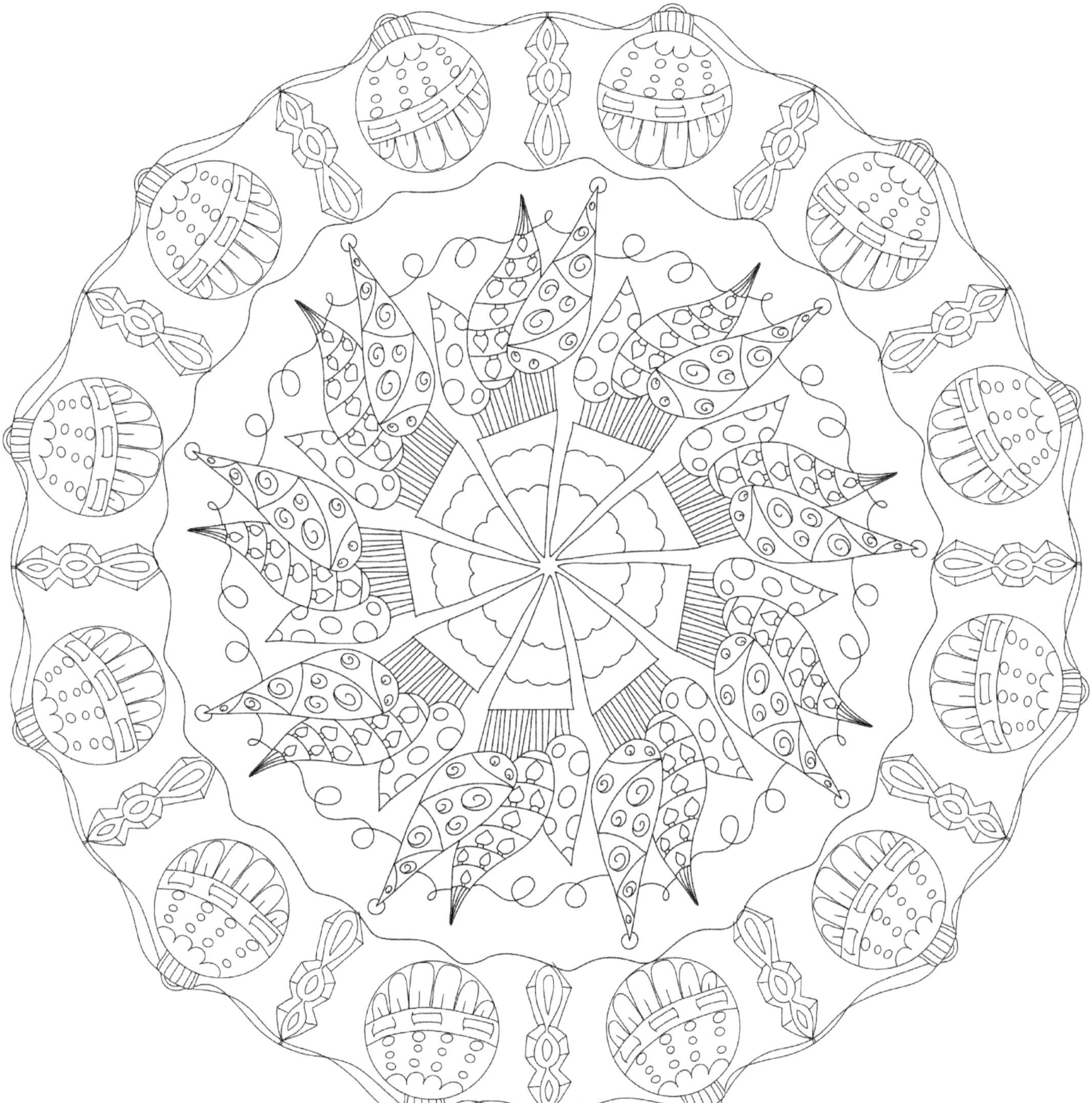

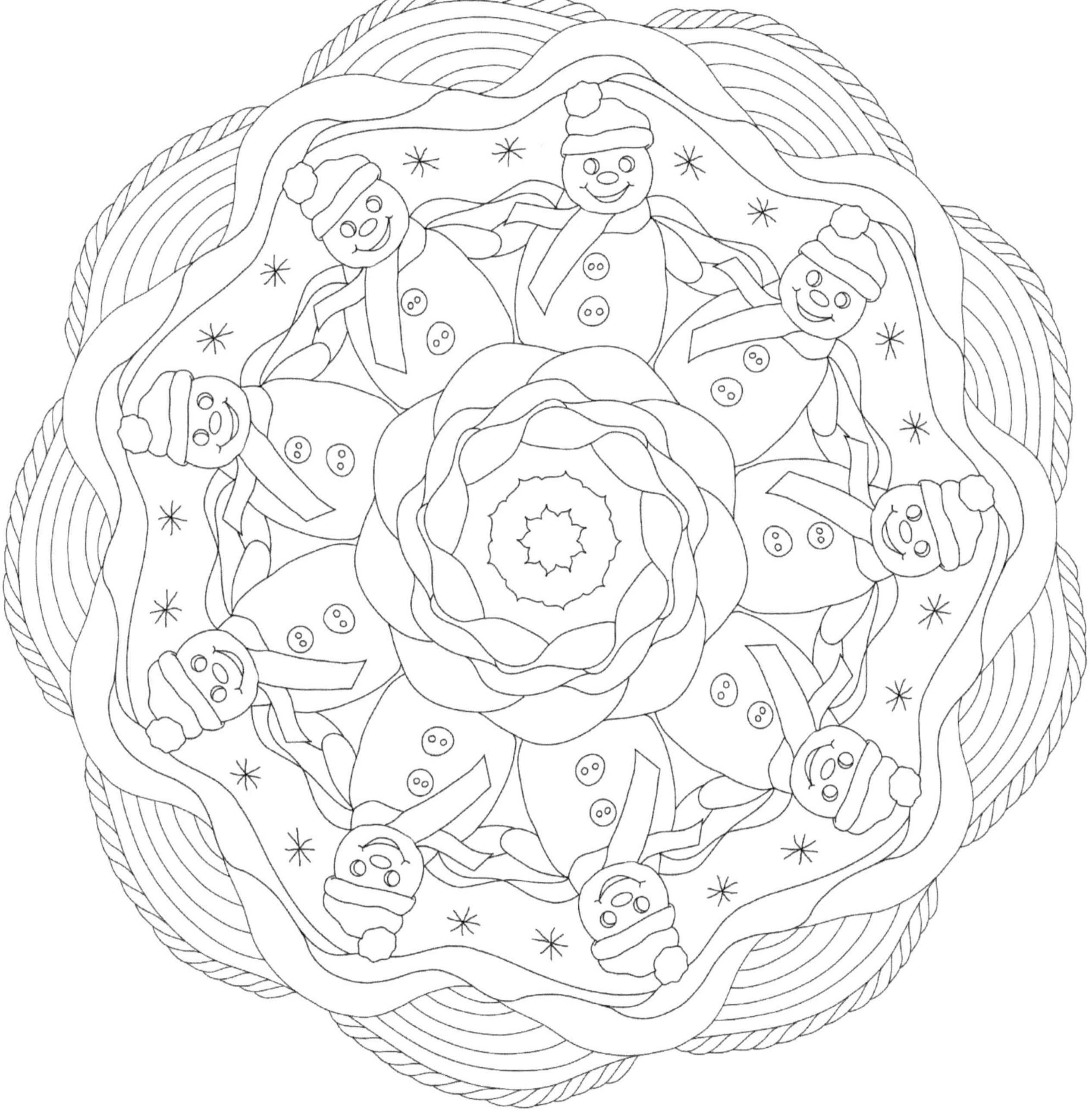

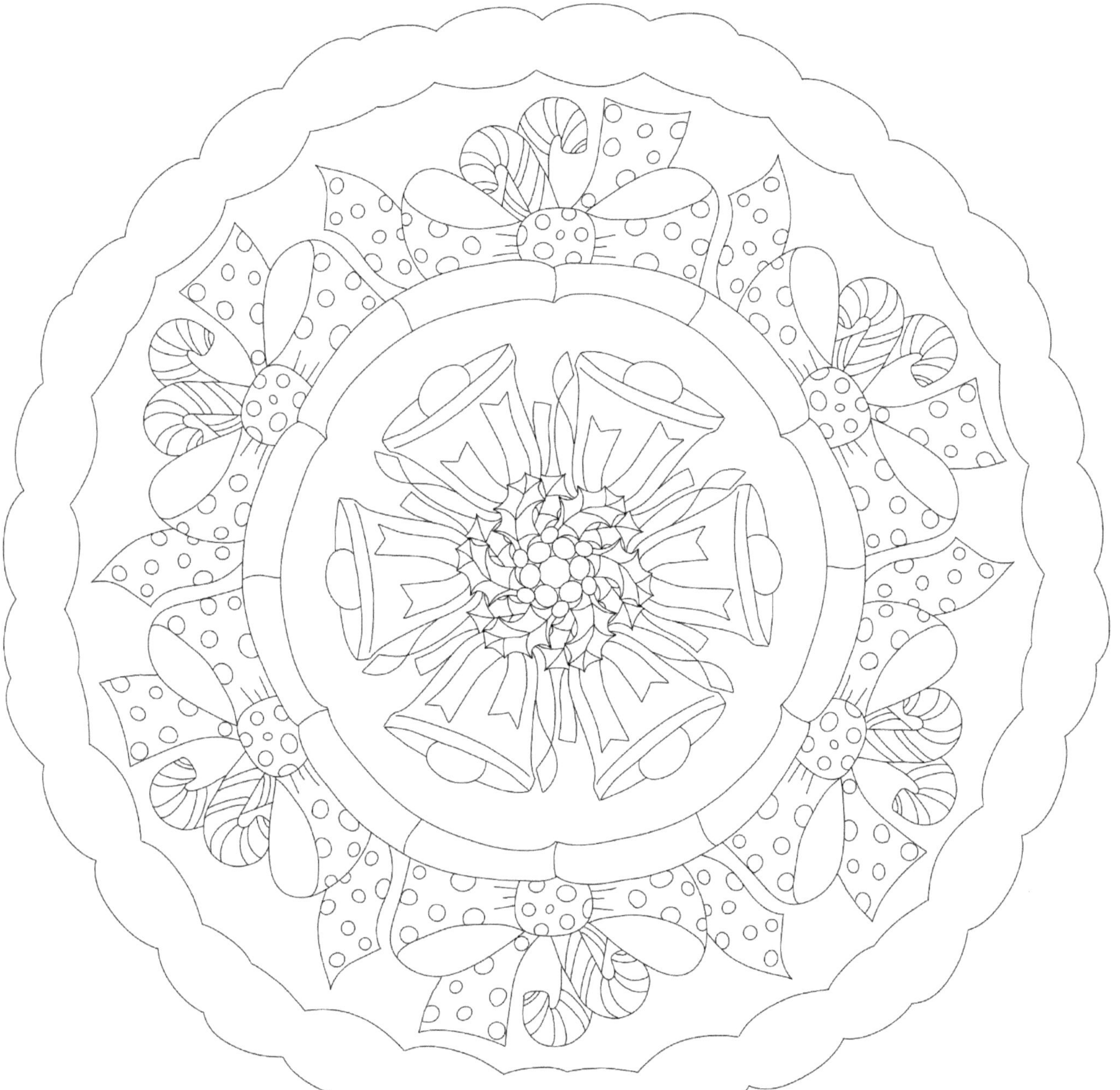

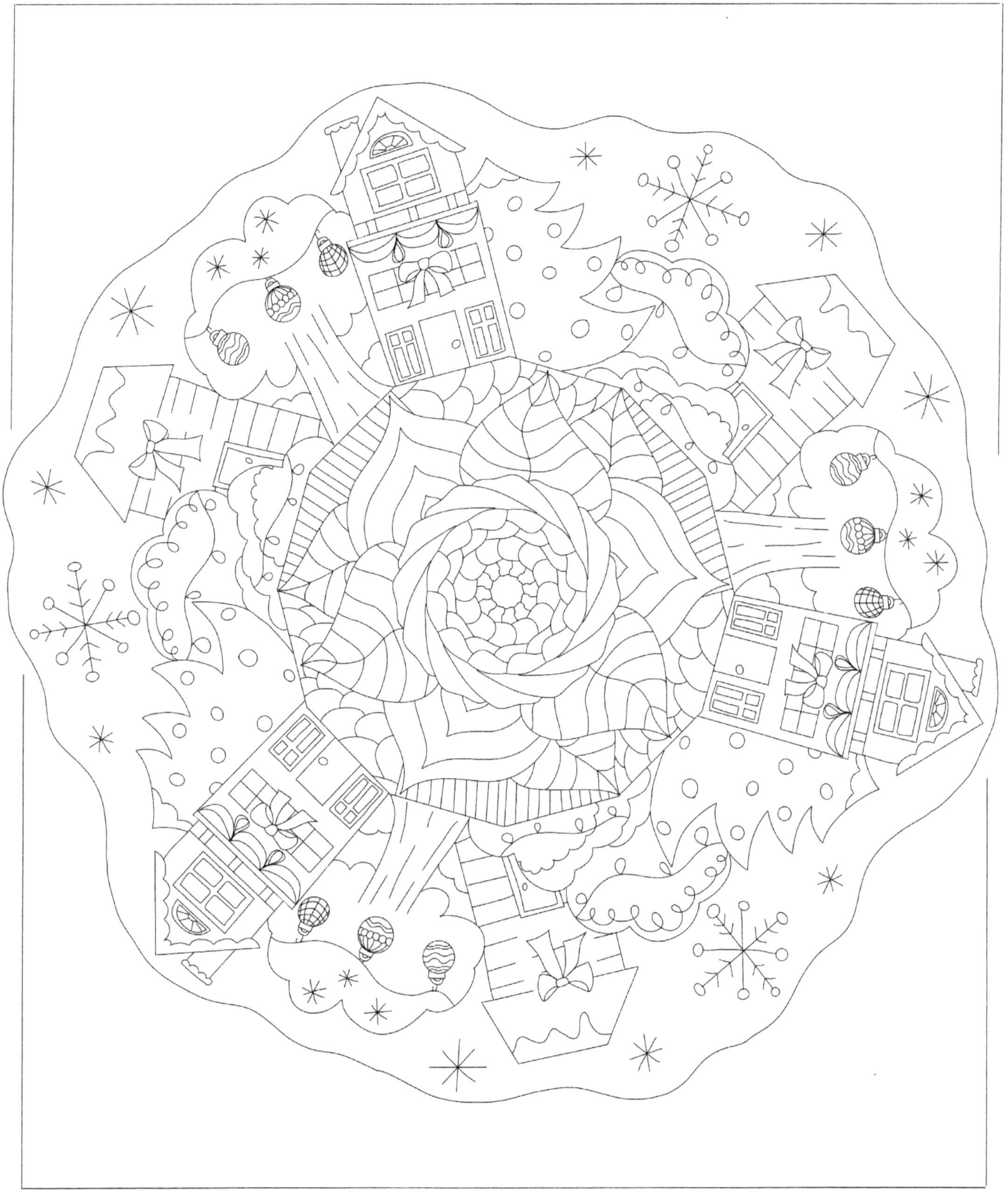

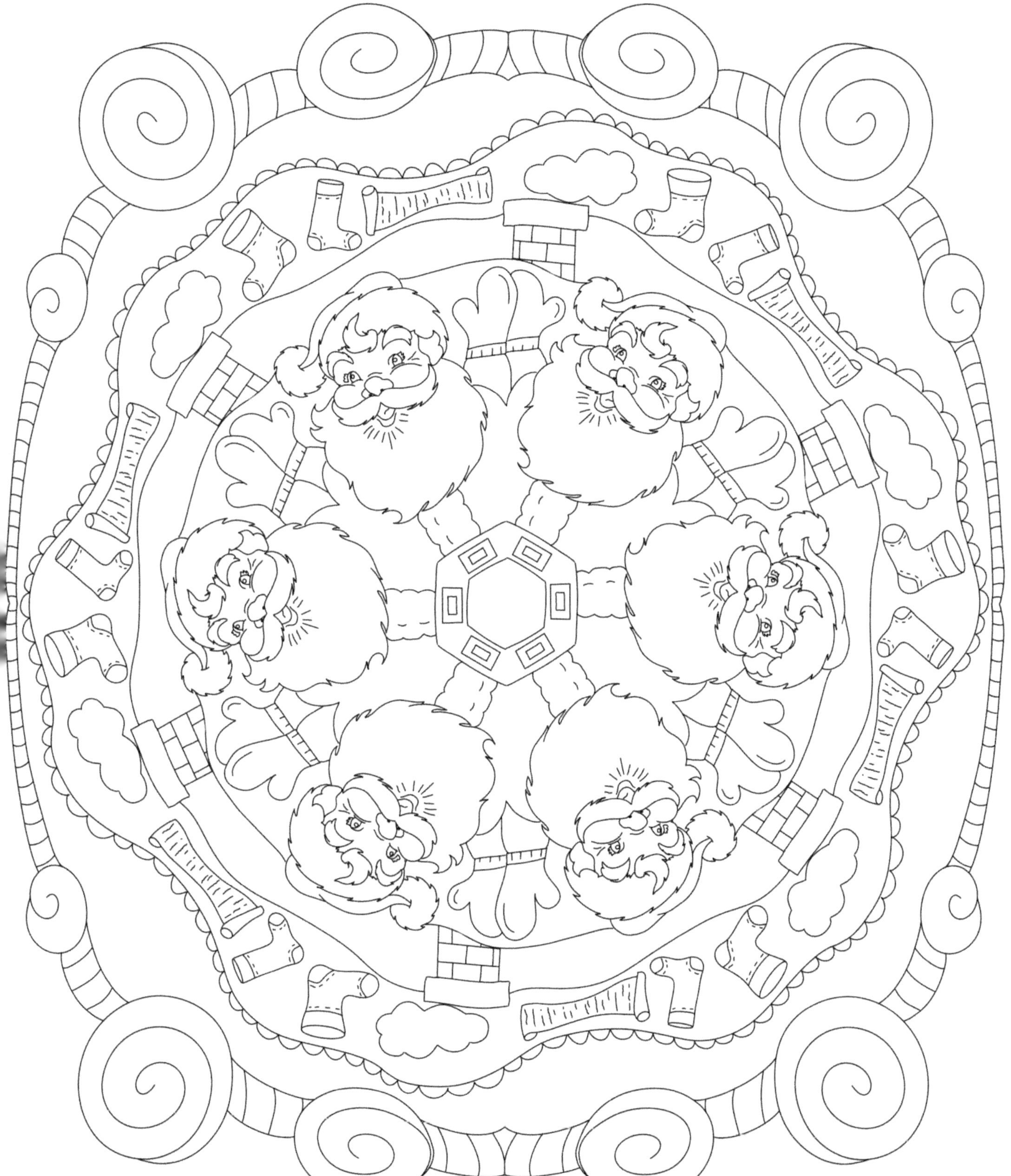

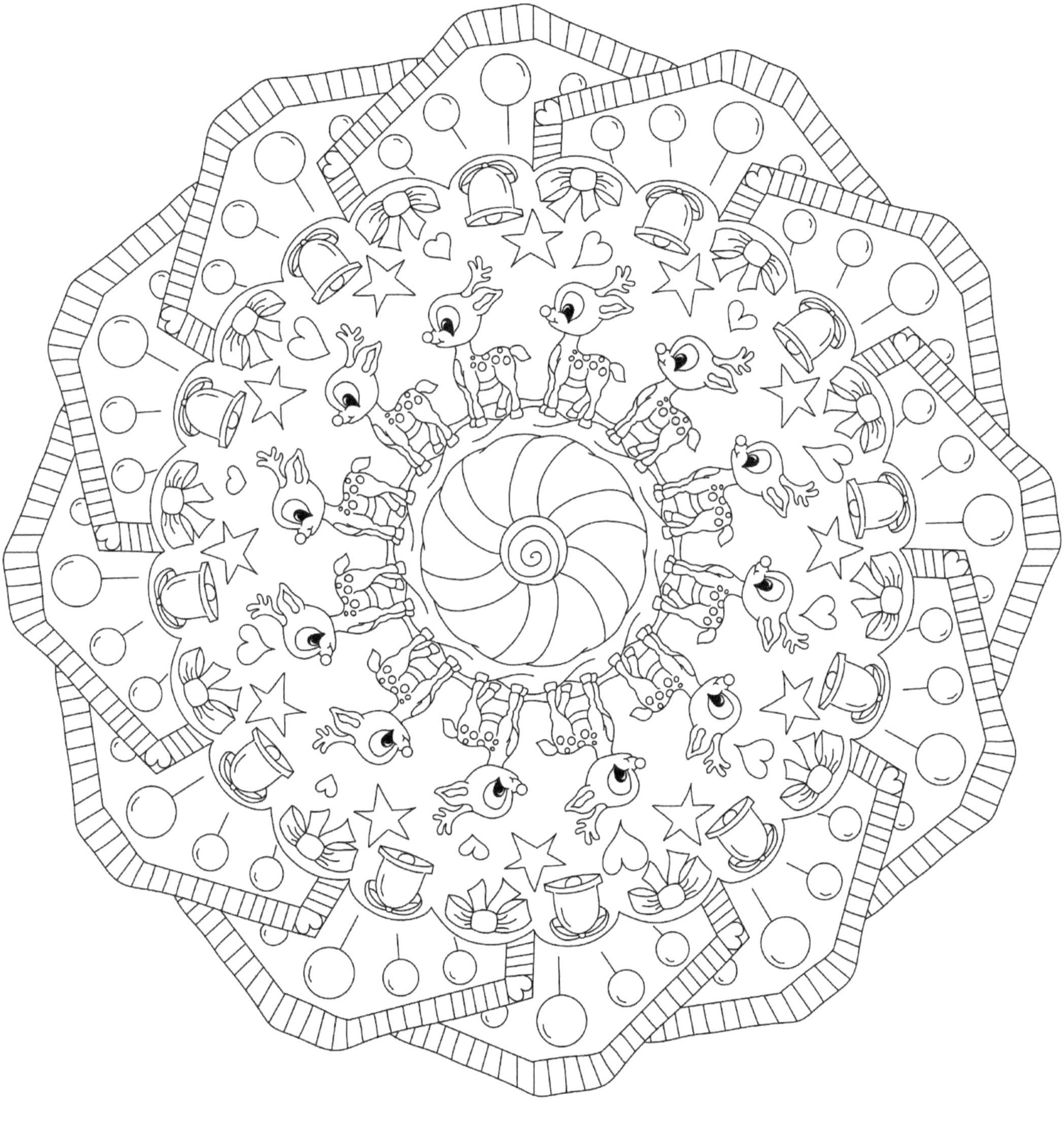

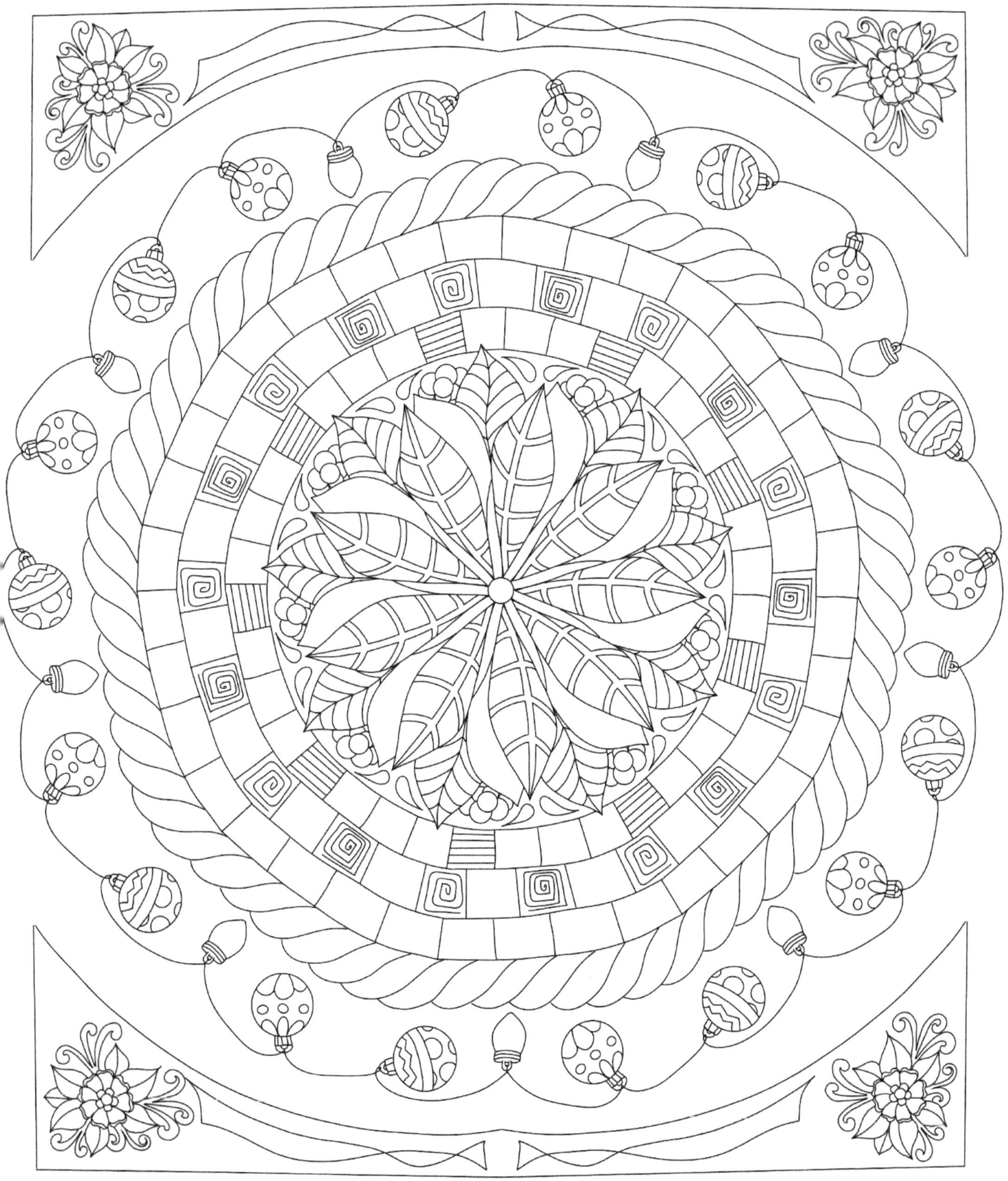

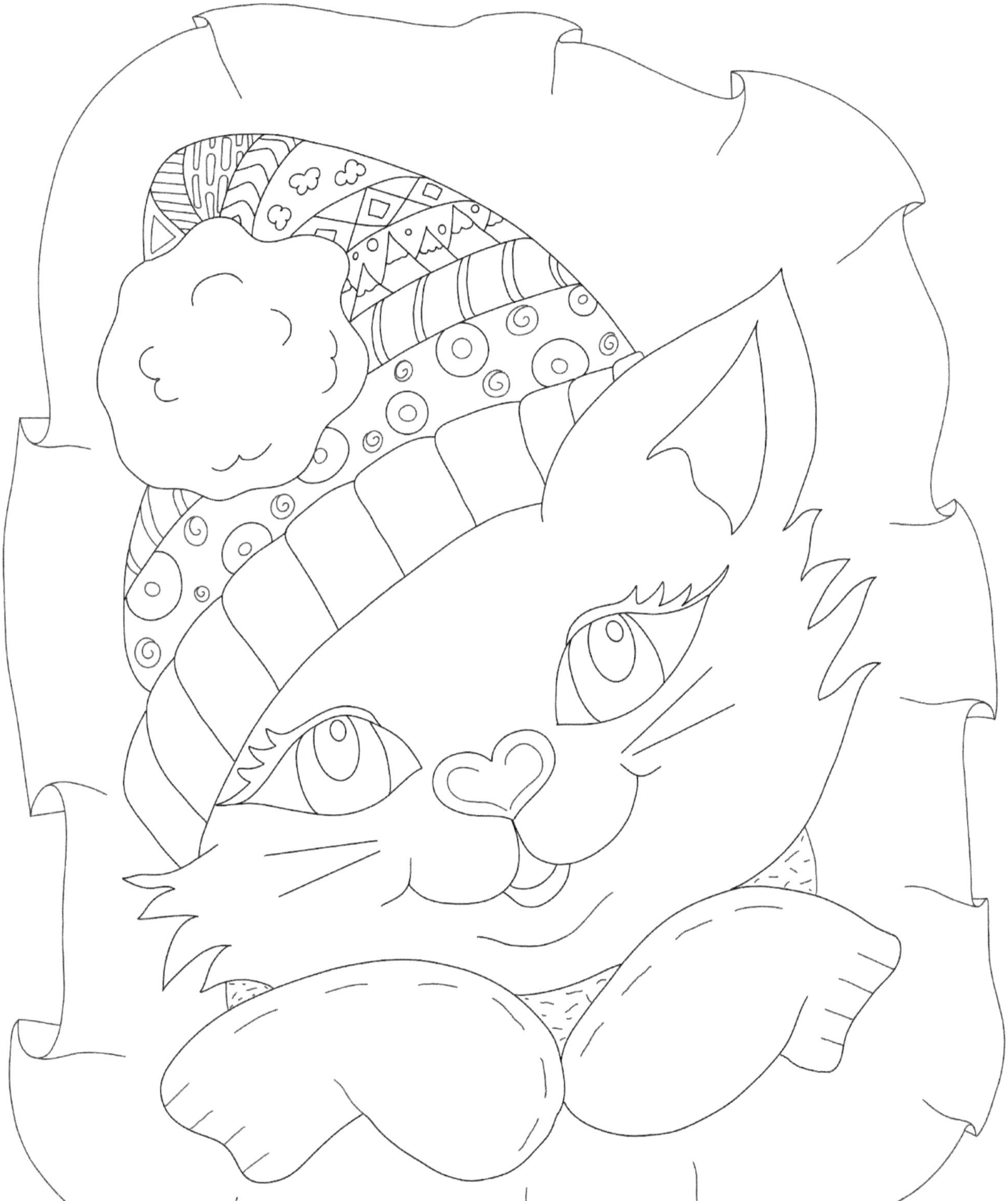

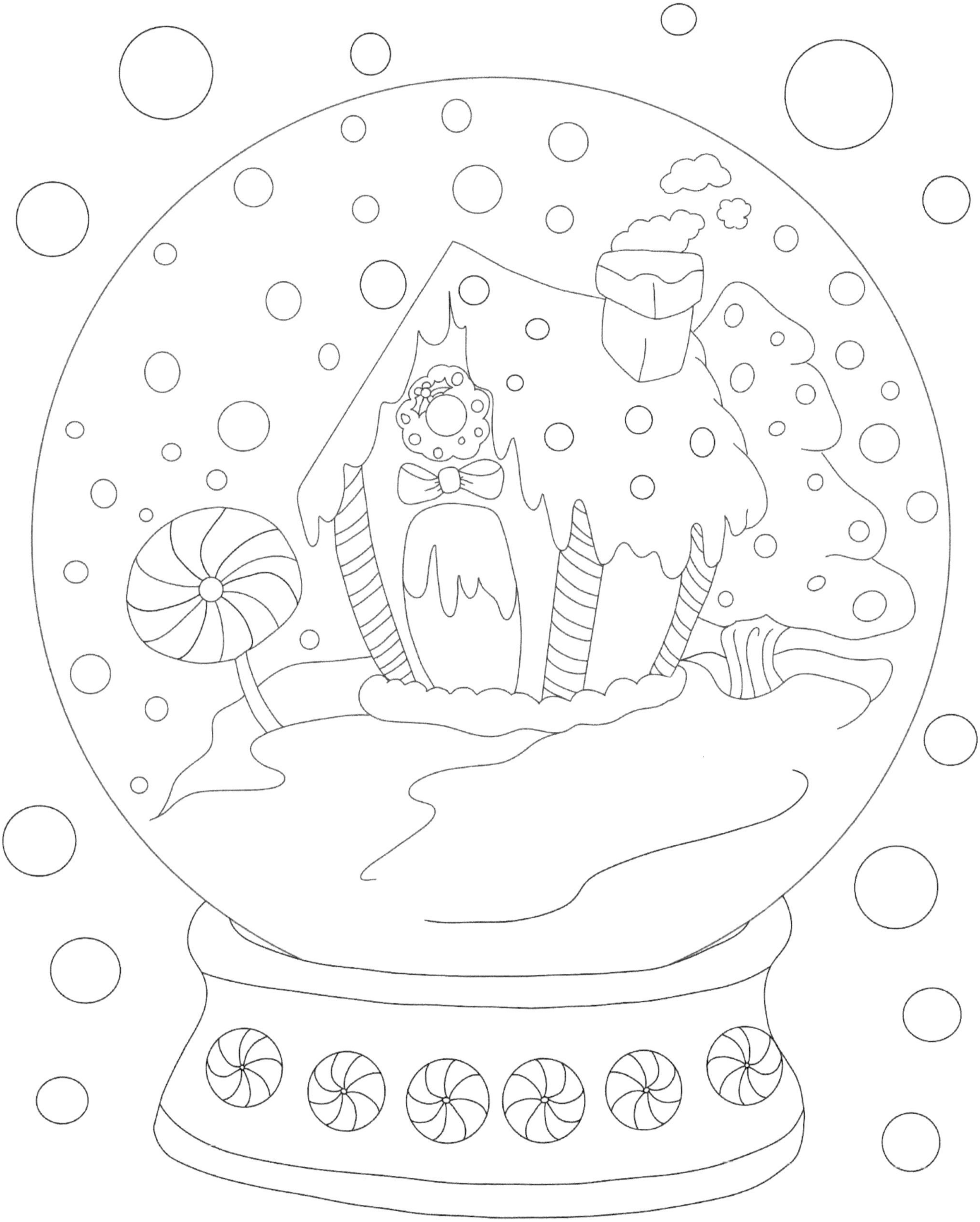

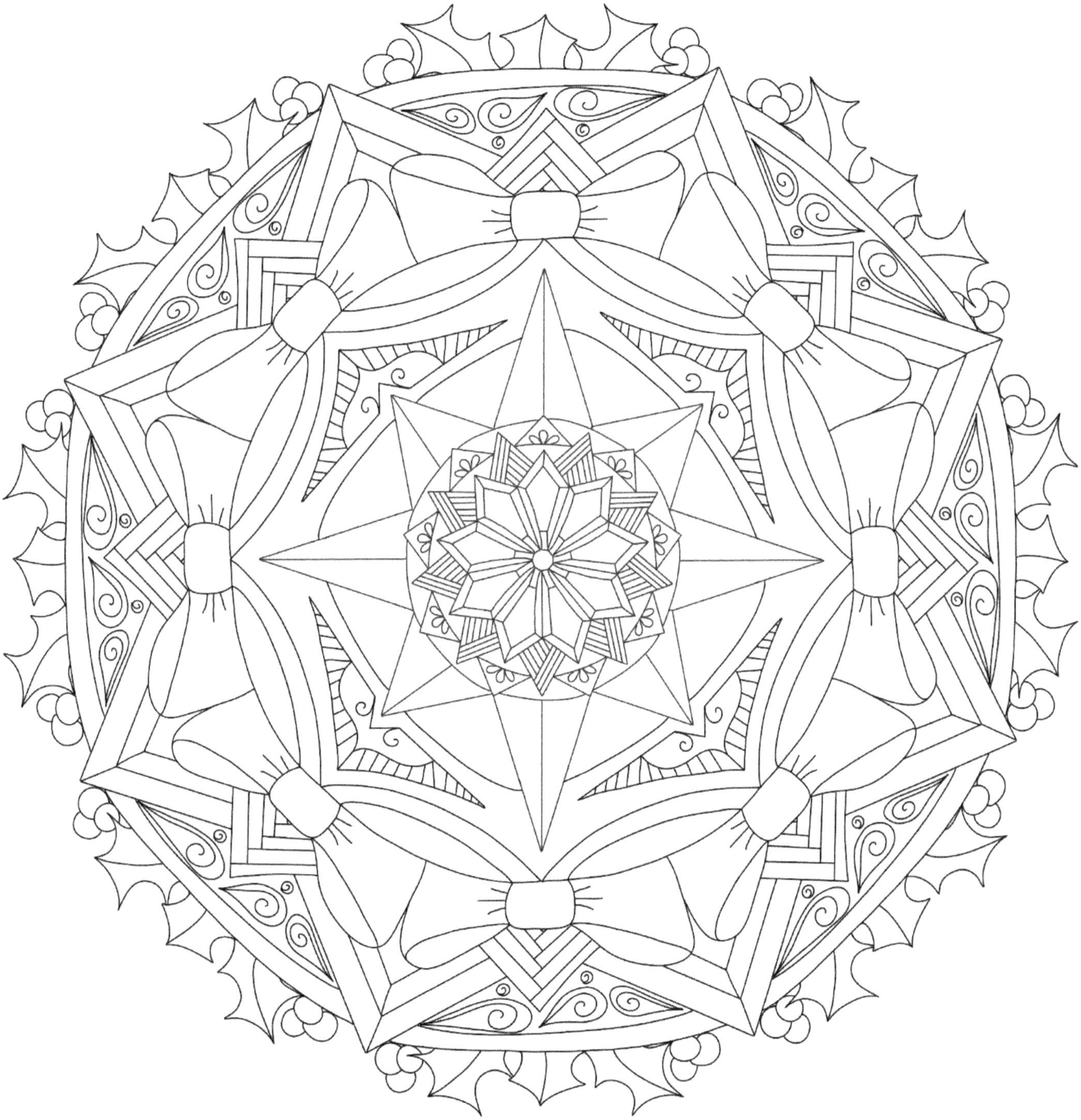

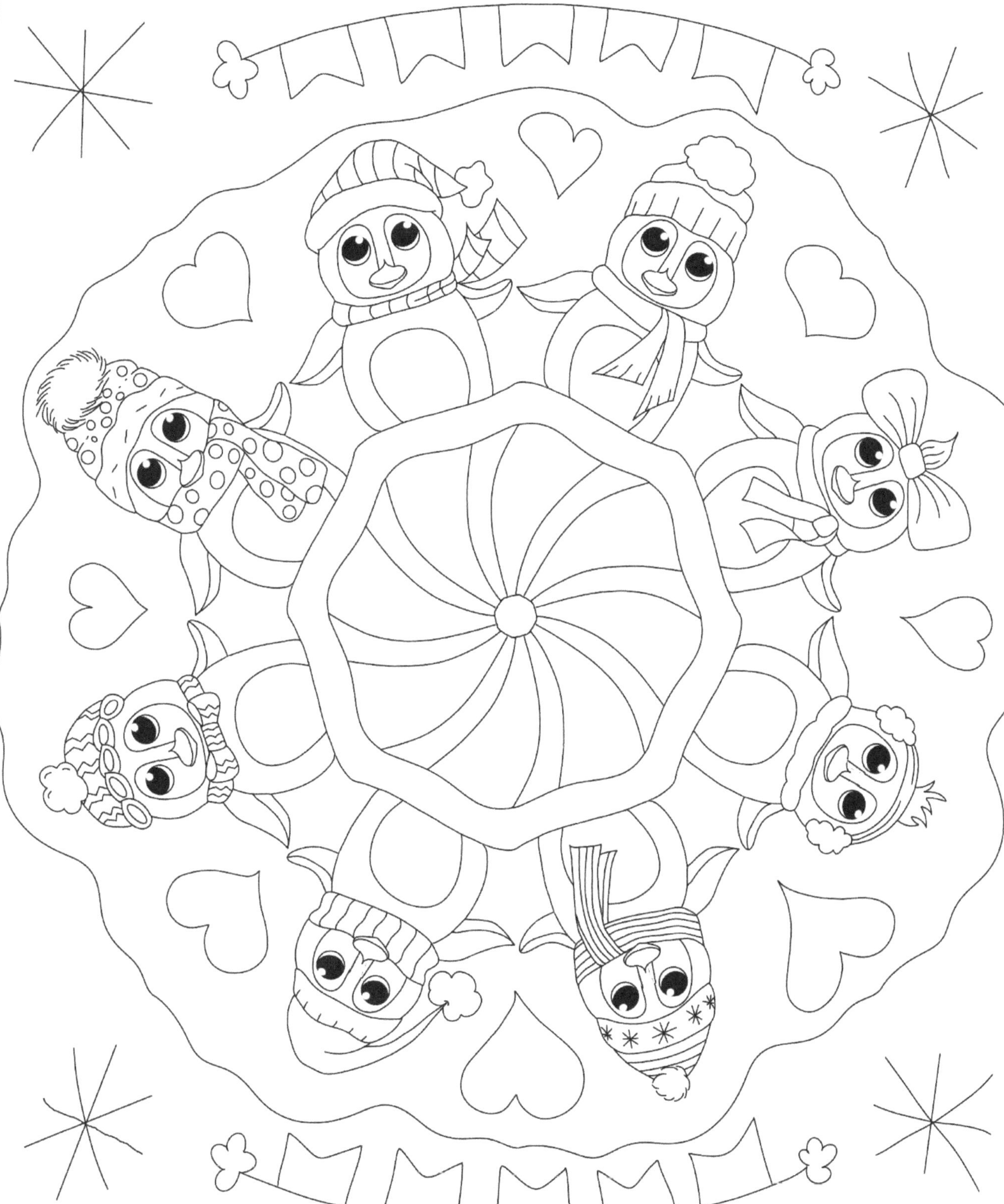

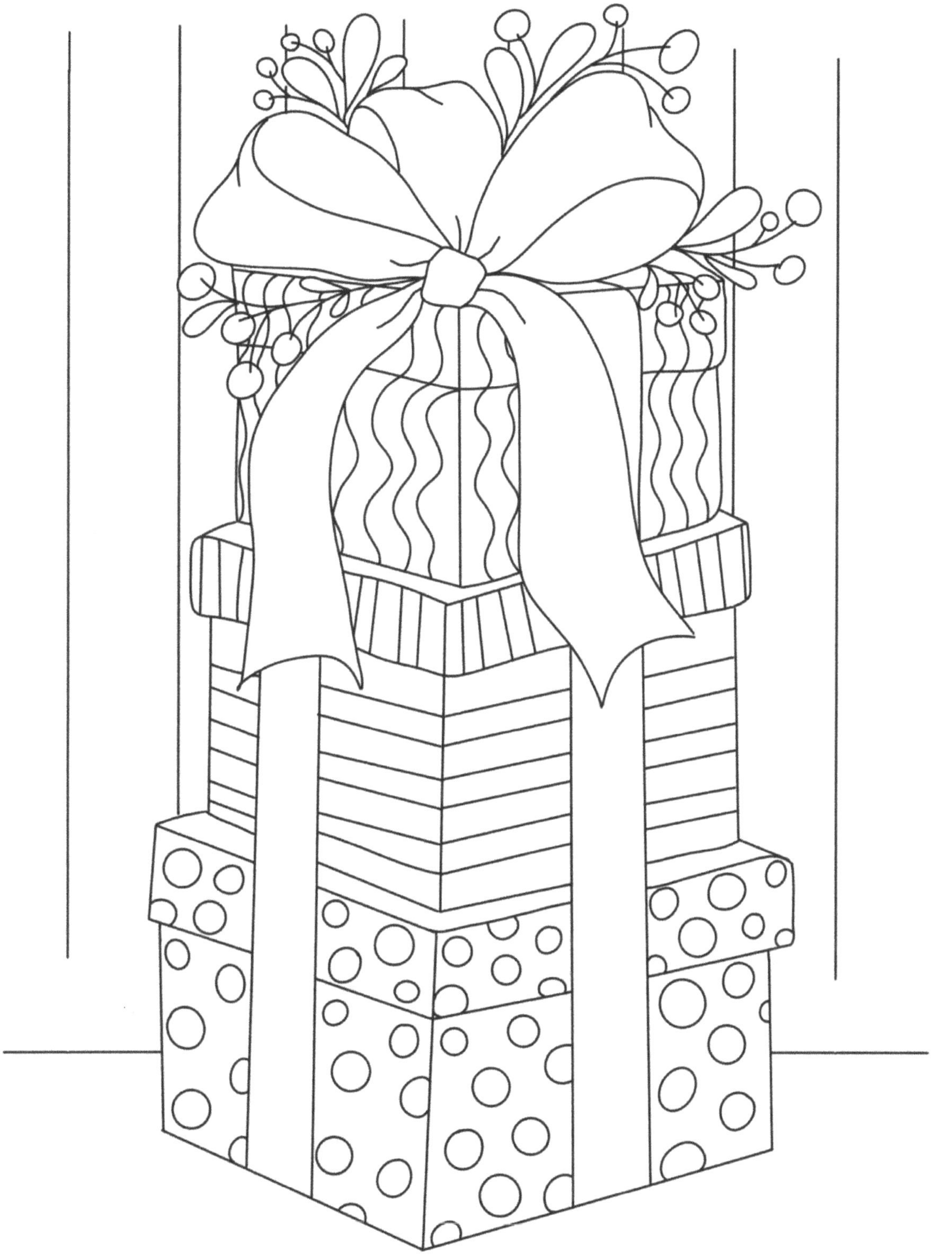

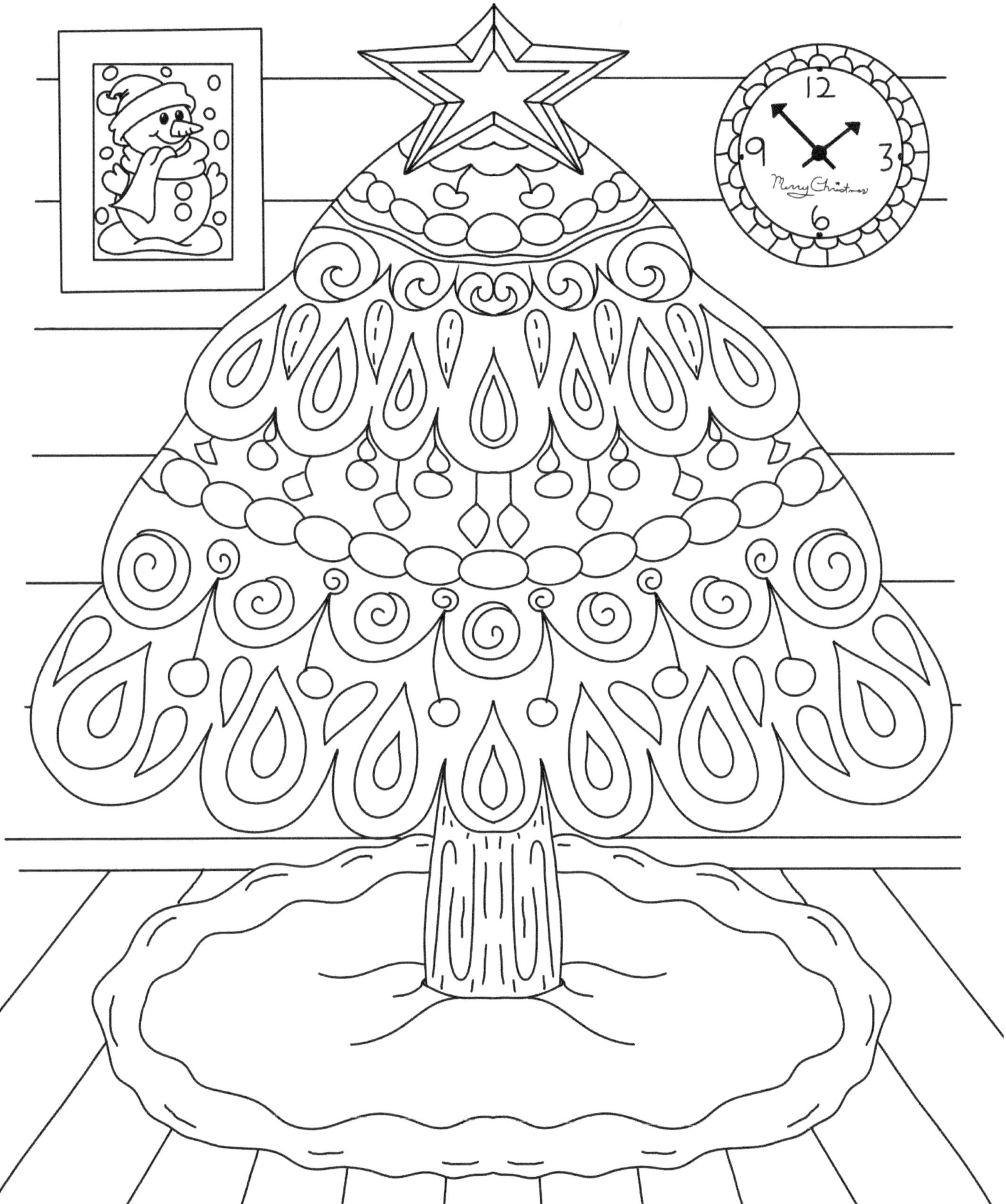
12
9
3
6
Merry Christmas

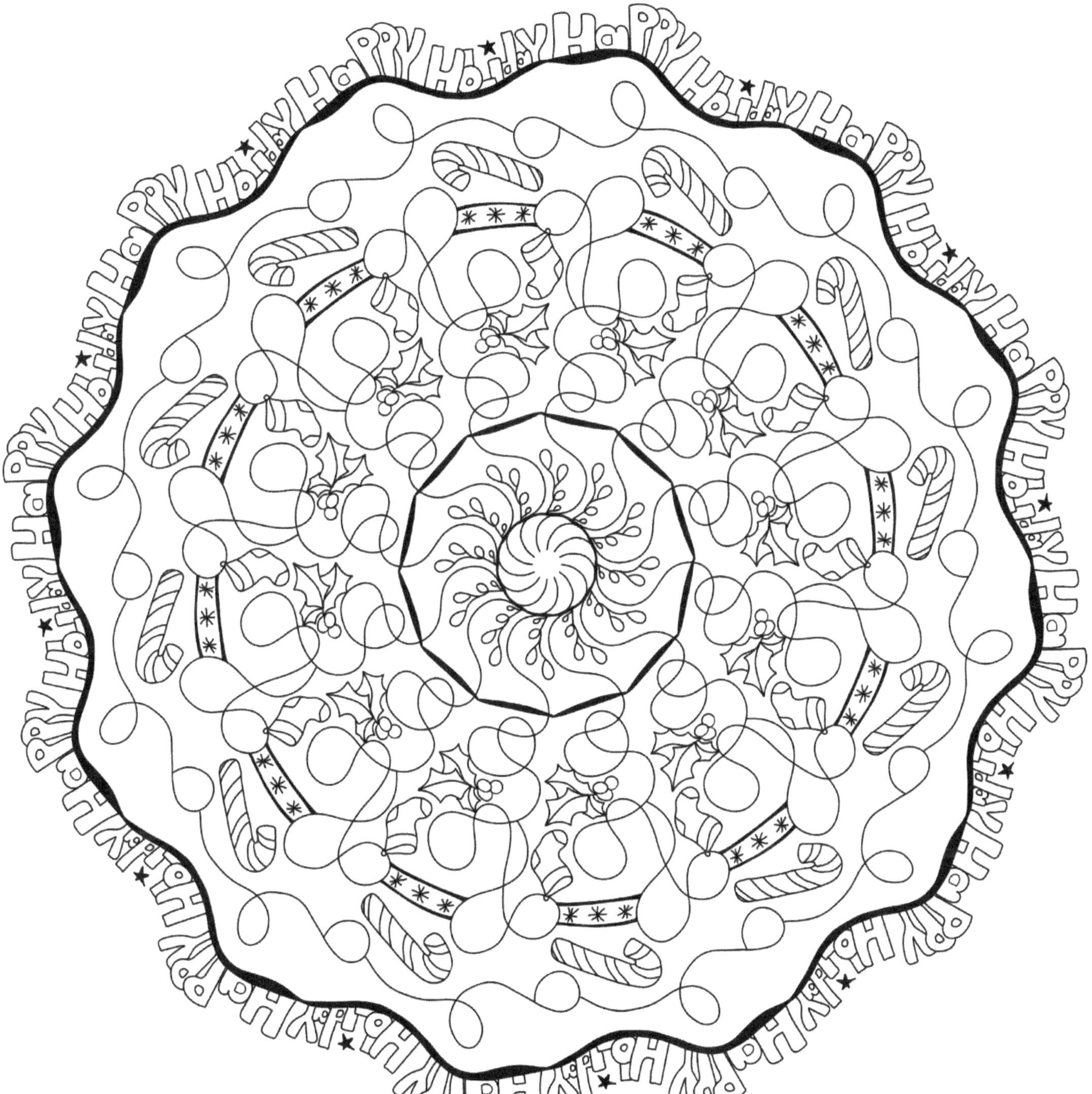
Happy Holiday

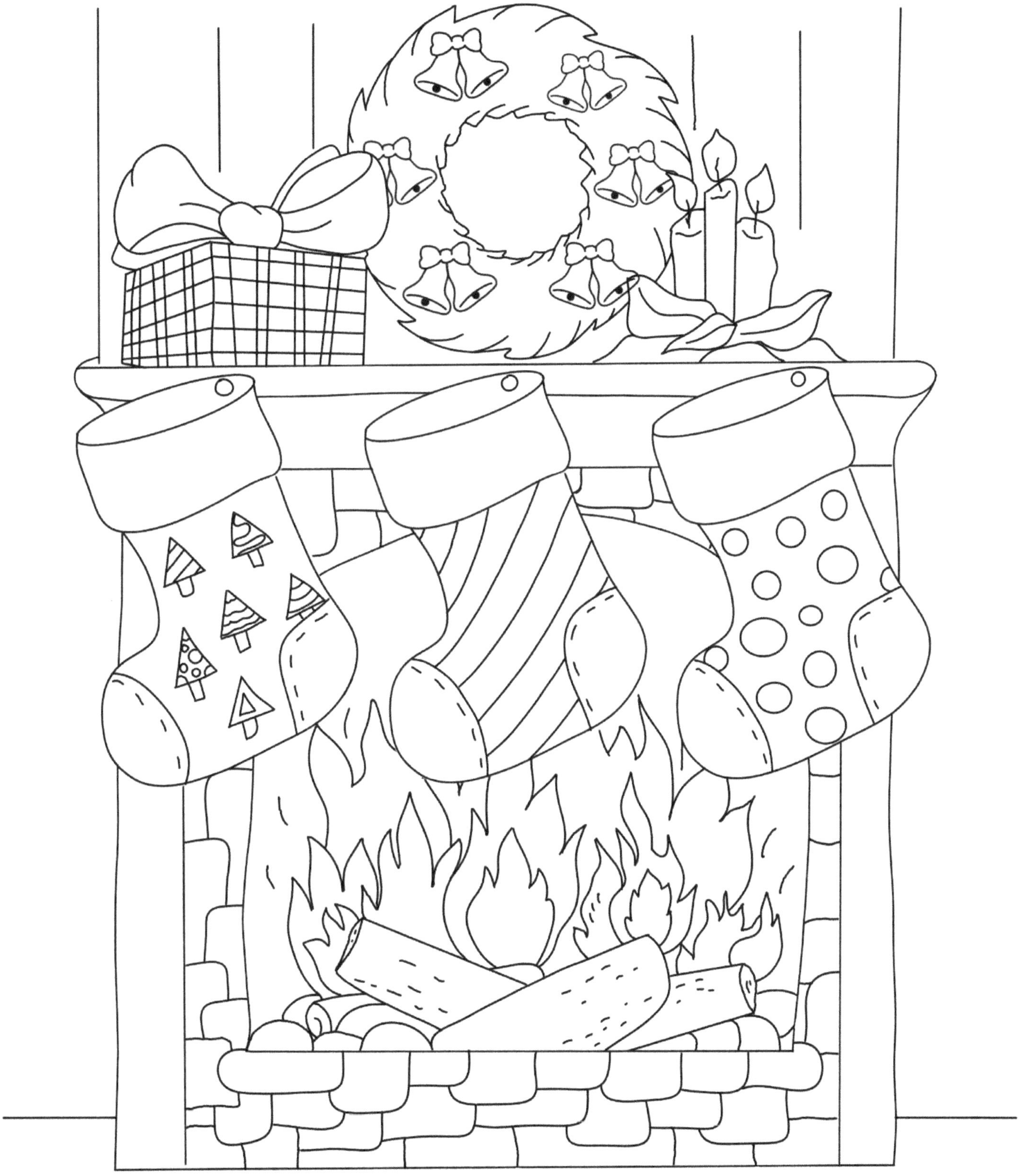

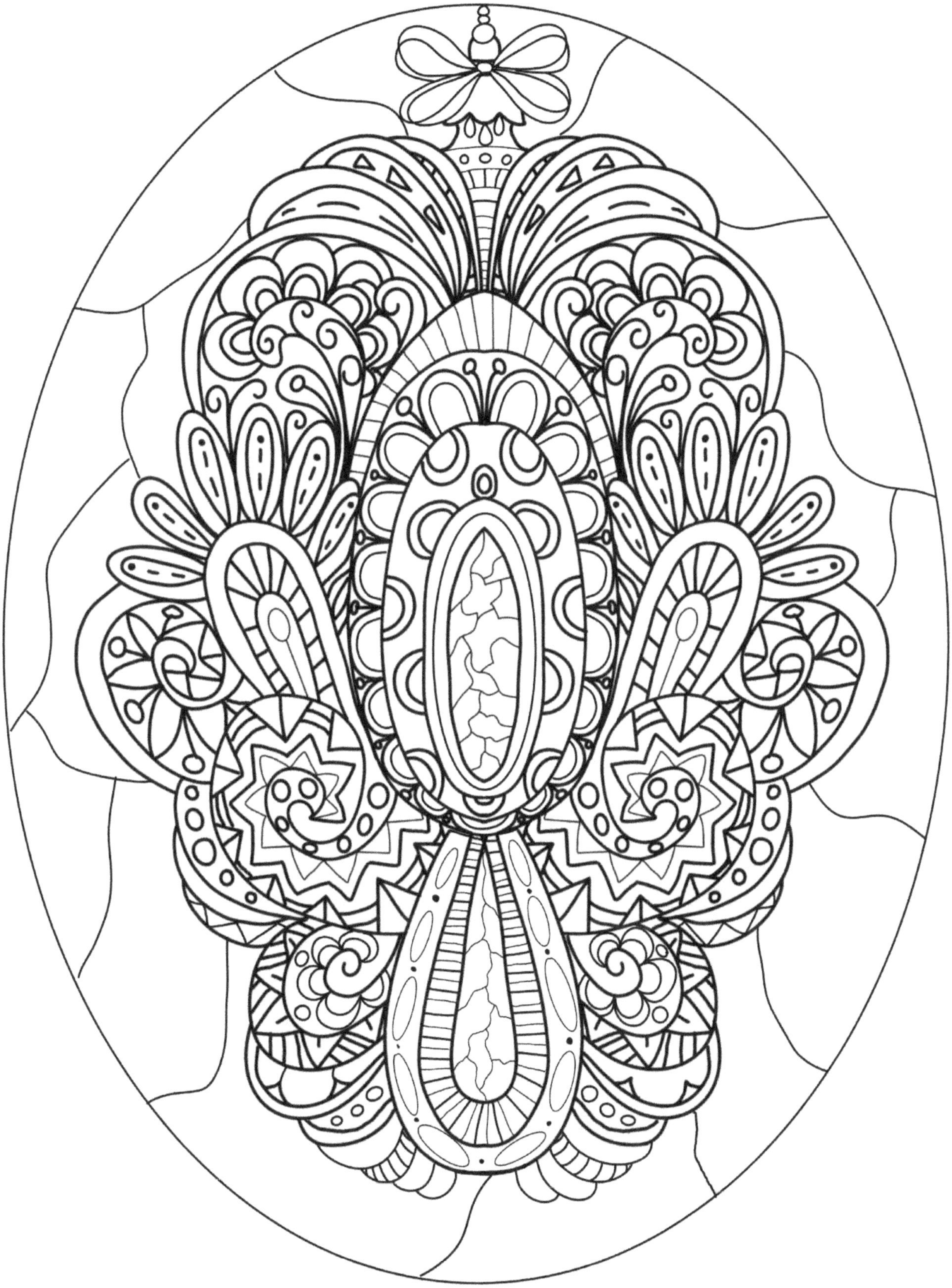

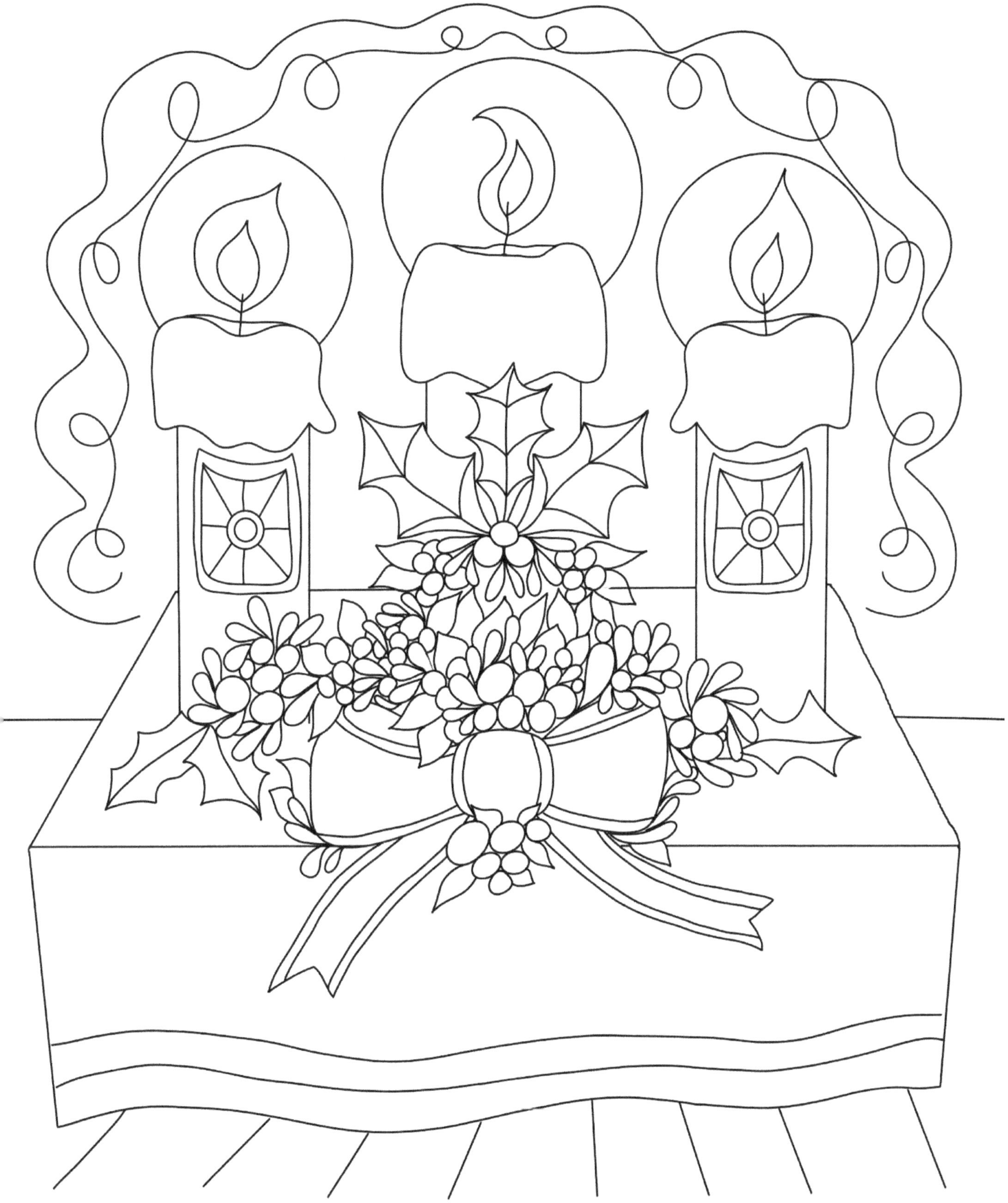

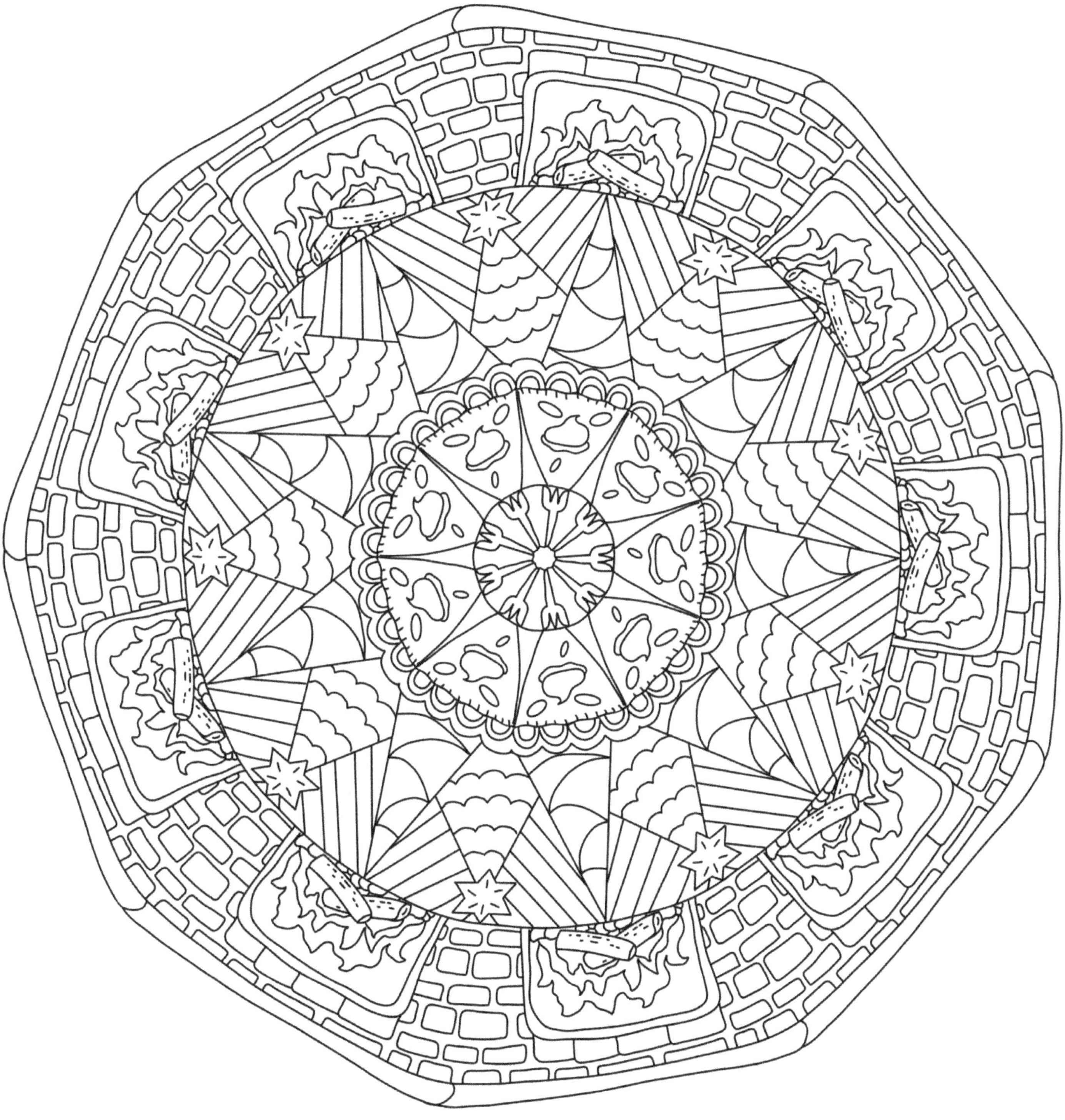

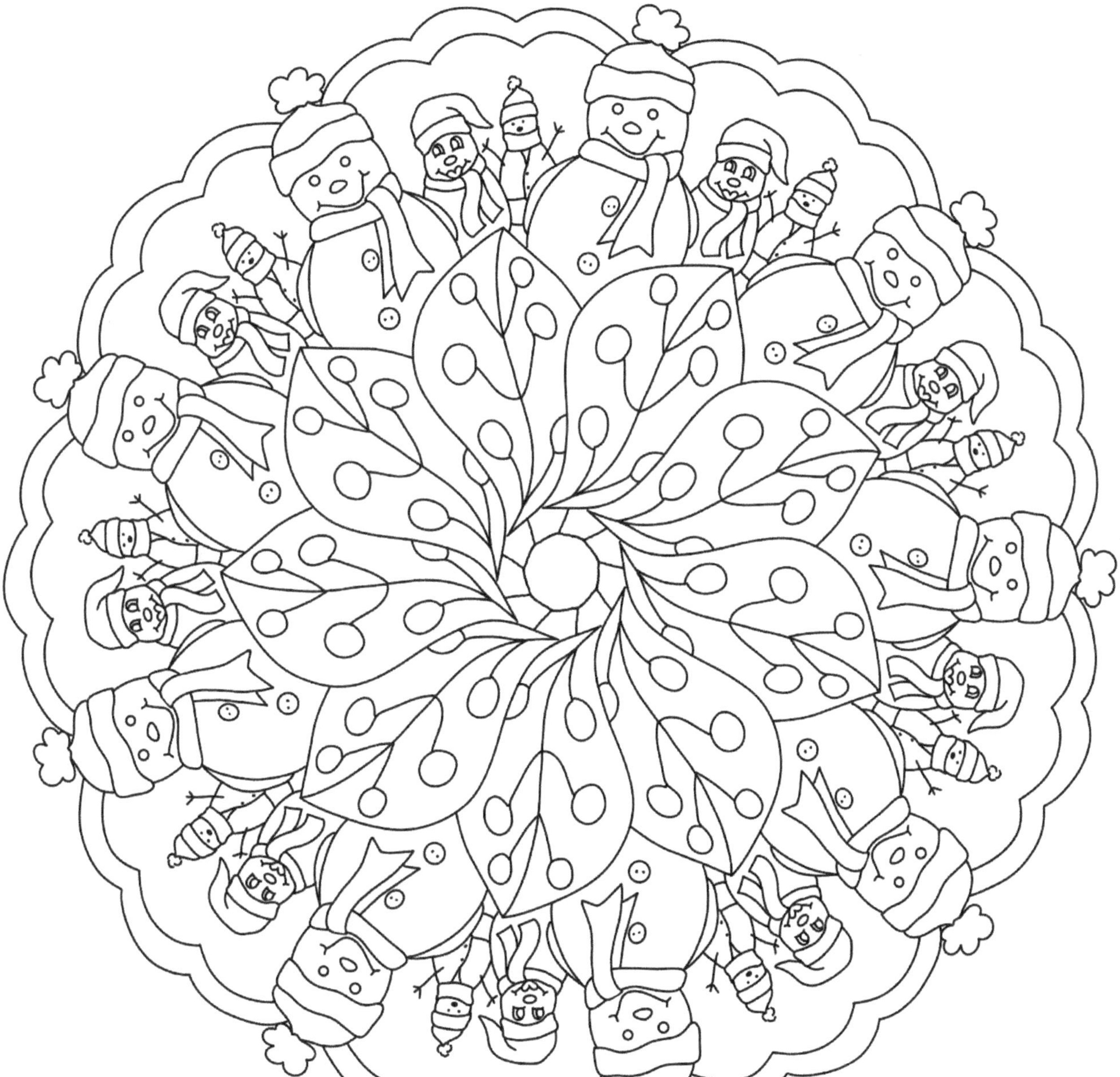

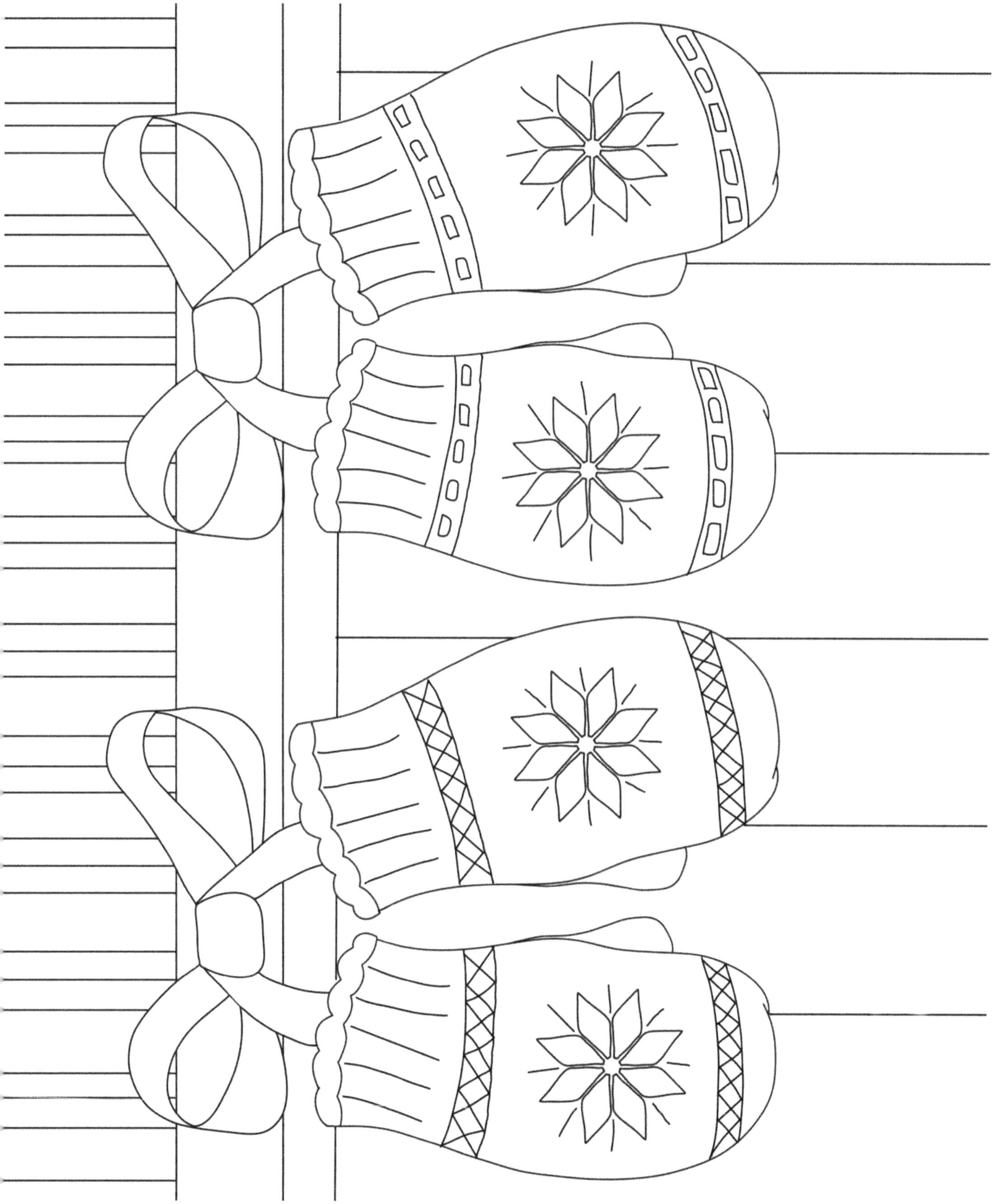

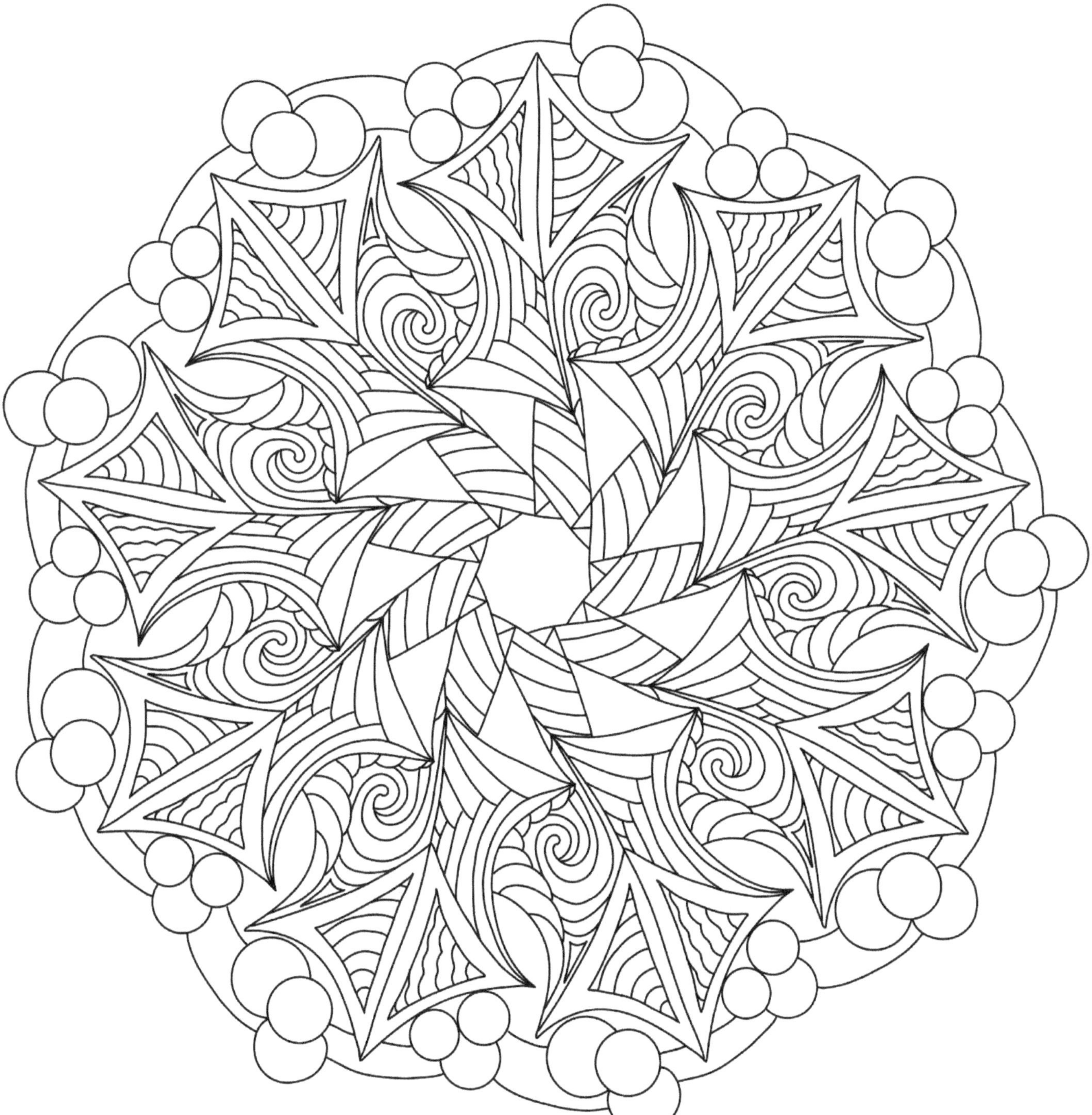

www.ingramcontent.com/pod-product-compliance
Lightning Source LLC
Chambersburg PA
CBHW081641220526
45468CB00009B/2525
* 9 7 8 1 7 9 0 5 6 5 3 5 1 *